Alexander Wiechert

(B)ewusstwie

"Toleranz muss man vorleben. Toleranz fängt nicht damit an, dass man diese von anderen einfordert. Wie sagt das alte deutsche Sprichwort? „Wie man in den Wald ruft so schallt es heraus." Wer Toleranz, Freizügigkeit und Freiheit fordert sollte diese selbst vorleben, sonst wird er unglaubwürdig."

Alexander Wiechert

2022 Copyright   Alexander Wiechert
Autor: Alexander Wiechert
Umschlag: Alexander Wiechert

Herstellung und Verlag: BoD – Books on Demand, Norderstedt
ISBN: 9783756222254

Wo nie gewesener Schatten blüht

Wo nie gewesener Schatten blüht,
der Narziss die Freiheit rügt,
da ist es Zeit Dinge zu tun,
sich nicht mehr auszuruhen.

Verblüht die Tat in Worten schnell,
weil niemand es gewesen sein will.
Drum schütze dieses hohe Gut,
der Freiheit Willen tut es Not.

Wo guter Will nicht mehr reicht,
alle tun es gleich,
niemand will etwas gewusst,
nur schreien sie voller Lust,
ein Leugner bist du und Verweigerer.

Wenn die Regierung dich betrügt,
die Wahrheit bleibt,
auch wenn man die Balken biegt.
Sie brechen nicht sie werden halten.

Wenn alles bricht, entzwei,
es scheint so trüb das Licht im Dunkeln,
sehnt man sich alte Zeiten herbei.

Doch niemals werden kann es wie es war,
denn laut schreit es dich an,
und geht voran,
mit großen Schritten Taten folgend,
kannst du nur schweigend Anteil haben,
oder schmerzt es so sehr,
setzt du dich nun zur Gegenwehr.

Tu Tat,
die nun getan werden muss.

1

Der Zirkus

Seid ihr nur die Gäule,
die sich selbst auf dem Markt verkaufen.
Schreiet laut nach mehr Geld,
dann wird's schon wieder laufen.

Gefallen oder Gefälligkeiten,
auf dem Weg zum Ziel.
Etwas fürs Auge und
Brot und Spiel.
Wohin geht die Reise?

Das ist der Part des Zuges,
auf den gesprungen,
man schnell ist,
es benötigt einigen Mutes
nicht teilzuhaben an diesem Mist.

Trägst du nicht den Willen des Gemeinen
wirst du nicht mehr posaunen
unter den Deinen.
Wohin geht die Reise?
Was ist das Ziel?
Was verändern wir?
Ihr?
Verändern wir etwas oder irgendwen
oder ist das hier alles nur ein Spiel?

Woran erkennt man das dereinst?
An der Ernte eurer Werke?
Ist Monetäres wirklich alles
oder benötigt es einen wachen Geist?
Wo sind die Stärke und der Willen,
nicht willens zu wollen,
man wird euch noch grollen.

So gebet acht,
der falsche Schritt ist schnell gemacht.
Dann war es das mit der Karriere,
doch am Ende verlierst du auch noch Ehre.
So sei die Kunst was sie immer war,
brotlos und bettelarm,
aber dafür auch klar.

Der Traum

Ich bin aufgewacht und merkte alles war nur ein Traum.
Mach den TV aus.
Dreh mich um.
Schlafe weiter.

Ich bin aufgewacht und merkte alles war nur ein Traum.
Glück gehabt.
Alles wird gut.
Dreh mich um.

Ich bin aufgewacht und merkte alles war nur ein Traum.
Ein der schlechteren Art.
Einer der Eindruck hinterlässt.
Alles wird gut.

Ich bin aufgewacht und merkte alles war nur ein Traum.
Nur ein Traum.
Nein, war das echt?
Einer der Eindruck hinterlässt.

Ich bin aufgewacht und merkte alles war nur ein Traum.
Träume ich noch?
Das ist kein Traum.
Nein, war das echt?

Ich bin aufgewacht und merkte alles war nur ein Traum.
Das ist real.
Jetzt bin ich wach.
Das ist kein Traum.

Keinen Stress machen

es tut noch nichts gut
außer der wut
ich will noch nichts machen
außer lachen.

es tut noch nicht so weh
wohin ich auch seh
es geht ja doch
läuft, noch.

solange man mir nix will
lass es und chill
mal ne runde
geht schon nicht vor die hunde.

mich dem flow hingeben
selbst erleben
serien en masse
das macht doch spass.

ich will keinen stress machen
sonst lachen
sie über mich
und das ertrag ich nicht.

ich denke selbst auch wie du
ich habe keine ruh
aber was soll ich machen
ich hör sie lachen.

mach du mal, ist schon gut
ich hab's nicht so mit wut
ich schau dir gerne zu
mach das mal du.

Wunder sind für Augen, welche sehen.

Die Blätter der Wind tänzeln blies,
der Himmel stumpf und grau,
nichts erkannte man genau,
als ich die Stadt verließ.

Die Sehnsucht nach der Fern,
in Gedanken weit gereist,
sehe ich meine Liebsten bereits,
komme ich nach doch so gern.

Nichts konnte mich hier halten,
die Sehnsucht trieb mich fort,
sah ich ihn bereits den geliebten Ort,
wollte meinen Weg selbst gestalten.

In der Ferne meine Lieben,
sollte die Welt heute und hier zu Ende gehen,
euch möchte ich noch einmal sehen,
ihr seid mir geblieben.

Und ließe man mich nicht mehr raus,
mach ich meine letzte Reise,
zu euch in meinem Geiste,
ich hielt es nicht mehr aus.

Der Wille

Er muss gehen,
er muss führen meine Hand,
mir erhalten den Verstand,
mich verstehen.

Er muss leben,
er muss sehen all da Land,
er muss verstehen, was verband,
sei vergeben.

Er muss vergeben,
er muss verstehen all die Sünden,
sie ergaben sich aus Gründen,
soll leben.

Er muss sich regen,
Er muss nur wollen,
dass er will,
muss sich bewegen.

Strategie oder Dummheit

Vermute niemals eine Strategie, wenn auch Dummheit der Grund sein
könnte.

Ich bin müde

Ich mag die ganze Scheiße nicht mehr hören,
Es quillt mir aus allen Poren,
Es scheint alles ist verloren,
alle kennen die Wahrheit und würden drauf schwören.

Elendig schleppe ich meinen Körper voran,
es fehlt mir die Kraft,
dass einen das so schafft,
es fehlt mir einfach jeglicher Elan.

Ich brauch eine Auszeit und die dringend,
mach das mal wer anderes,
ich brauch mal was Mageres,
ich muss gerade nicht zwingend.

Ich brauche Abstand mehr als zwei Meter,
werd mich nicht melden,
dass muss jetzt mal gelten,
ich brauche Ruhe und Frieden jetzt und später.

Dann in aller Frische mit Kraft und Elan,
mit Vorfreude und Leidenschaft,
mit Liebe und gewissenhaft,
packe ich die Dinge wieder an.

Neue Revolutionäre braucht das Land

Mit Freude und mit Weisheit Schluss,
sieh was passiert und dass,
was noch passieren muss.

Das Werk so unvollendet steht es da,
die Hände braucht's und den Verstand,
damit etwas passiert im Land.

Was soll nun all dies echauffieren,
Veränderung ist was tut Not,
den Stillstand ist der sichere Tod.

Drum einigt euch und gehet raus,
die Straße ruft,
so schreit es laut hinaus.

Mit ungeschminkten Fakten,
sieh Wahrheit sieh!
sie liegen in all den Akten.

Die Wahrheit will ans Licht,
das Spiel durchschaut,
siehst du sie nicht?

Nun wirken kannst du an dem Neuen,
ohne Kapital und Neid,
du wirst dich freuen.

Erschaffe diese, deine neue Welt,
so wie du willst,
so wie sie dir gefällt.

Lass los

Der Anfang bereinigt und geläuterter Schmerz.
Lass los. Lass ihn los.
Kopfloses Denken und verwobener Gedanken.
Lass los. Lass sie los.

Verängstigtes Handeln eine verzwickte Sache.
Lass los. Lass es los.
Vergebene Zeit und rastloses Tun.
Lass los. Lass sie gehen.

Verwobener Wille sowie durchdachtes Konstrukt.
Lass los. Lass es sein.
Fahre runter und kehre in dich.
Lass los. Lass dich gehen.

Aus der Mitte

Aus der Mitte betrachtet,
ist Linkes links
und Rechtes rechts.

Aber auch auf dem rechten Weg
gibt es Menschen,
die dich linken wollen.

Das Rechte zu wollen
bedingt nicht gleichzeitig
Recht zu haben.

Aber wer nur linksherum geht,
kommt am Ende des Tages
auch wieder am Anfang an.

Auch abseits des Weges
kann die Wahrheit liegen.

Arsch huh, Zäng ussenander

Du sollst es nicht hassen
du sollst es nicht lieben
du sollst aufstehen und rausgehen
lass dich nicht verbiegen.

Du sollst nicht schweigen
du sollst aufmachen den Mund
du sollst es sagen und nicht verzagen
tue es kund.

Du sollst anfangen im Kleinen
du sollst keine Bäume ausreißen
du sollst protestieren, statt zu sinnieren
einfach mal loseisen.

Du sollst lieben mehr als dich selbst
Du sollst dein Herz geben
du sollst sehen und über deine Grenzen gehen
gehe raus in das Leben.

Du sollst aufklären
du sollst unermüdlich sein
du sollst Leute anstecken und sie aufwecken
irgendwann sickert es in ihr Hirn ein.

Du sollst groß sein im Herzen
du sollst auf sie schwören
du sollst Liebe geben denn es geht hier um Leben
niemand wird sich empören.

Du sollst ihnen die Stirn bieten
du sollst nicht absentieren
du sollst dich freuen denn du wirst nichts bereuen
manchmal sollst du was riskieren.

Du sollst auf der Straße tanzen
du sollst nicht traurig sein
du sollst die Liebe zelebrieren und sie honorieren
denn du bist nicht allein.

Neue Revolutionäre 2

Wir sind unbequem, wir sind laut,
weil wir euch nicht glauben,
was ihr uns da vorkaut.

Ein neues Leben ohne anfassen,
die neue Realität,
ich werde sie hassen.

Wir sind viele, wir sind zugegen,
ihr solltet aufpassen,
wenn wir loslegen.

Wir sind es die leiden, du und ich,
im Stillen wie Lauten,
vergesst uns nicht.

All den Neusprech den könnt ihr euch schenken,
wir lassen uns nicht impfen,
wir werden nicht mal darüber nachdenken.

Das Gesicht wahrend kommt ihr da gestöckelt,
die Maske fällt,
der, Zement der bröckelt.

Der Lack ist ab, man sieht's euch an,
nichts ist wie es scheint,
irgendwann folgt der Untergang.

Das System und ihr werdet abgewickelt,
wir haben schon tausend Ideen,
ihr werdet schon sehen.

Wahre Liebe

Der Liebe Pfade,
oft verwunden,
eng umschlungen,
so ist sie.

Die wahre Liebe,
durch alle Zeiten,
sie wird dich leiten,
findet immer wieder zu dir.

Liebe ist unendlich,
zwei liebende Seelen finden sich immer,
verwehren kann man es ihnen nimmer,
in keiner Realität.

Die Wahrheit

Aufzuwachen tut weh,
du weißt das,
denn es rumort über Nacht in deinen Gedanken
wo sollst du jetzt noch Kraft tanken?

Es ist wie Liebeskummer,
du säufst dich über Nacht halb tot,
und du bleibst trotzdem im Boot,
denn wenn du aufwachst, ist die Wahrheit die Gleiche.

Sie ist weg,
die Liebe für etwas, dass du sehr gut kanntest,
und von dem du dachtest es sei wahr,
doch nun ist es klar.

Nichts ist für ewig,
du gehst weiter,
du machst das schon richtig,
das ist jetzt nicht wichtig.

Der Verstand

Er braucht Ziel,
er braucht einen Weg mit Fokus,
dann durchschaut er diesen Zirkus,
nicht viel.

Er braucht unendlich,
er braucht alles und das immer,
keine Grenzen und die nimmer,
das selbstverständlich.

Er braucht Vielfalt
er braucht ohne Schranken,
die ganze Welt muss er umranken,
mit Wortgewalt.

Er braucht ehrlich,
er braucht Hirn und Bauch,
die Wahrheit sucht er auch,
einfach unentbehrlich.

Er braucht Wärme,
er braucht Ruhe und auch Pausen,
sonst löst er sich auf mit Grausen,
ohne Lärme.

Zu allem bereit

Von Adorno bestimmt und von Hannah Arendt politisch
ausformuliert – Wenn man den Menschen immer und immer wieder
erzählt, dass man es für das Gute tut, sind die Menschen zu fast allem
bereit.

Menschsein

Manchmal dauert es etwas
bis du verstehst, wo es brennt,
was dir unter den Fingernägeln hängt.
Hauptsache du bewegst dich
es unsäglich,
was hier so passiert.

Die da oben wollen nur dein Bestes,
also legst du dich gleich wieder hin
und du verschläfst es,
denn wer nichts weiß,
der schläft besser.

Dann erwachst du
und dann lachst du
noch ein einziges letztes Mal,
denn dann wird dir klar,
dass nichts so ist,
wie es einmal war.

Jetzt stehst du auf,
jetzt bist du wach,
jetzt schaust du zu,
wie alles runter geht den Bach
mit Lärm und ganz viel Krach.

Wir laufen voneinander weg,
statt aufeinander zu
und das lässt mir keine Ruh.
Jetzt hör auf mit dem Krach,
vom rechten Rand und dem Gemach.

Was uns verbindet frag ich dich?
Es ist das Menschsein!
Denke ich.

Gesagt getan

Wenn du es nicht aussprichst, wirst du nicht aufstehen und etwas tun.

Dazwischen

Wer aufhört zwischen den Zeilen zu lesen,
wird taub für die feinen Zwischentöne.

Panik

Mit der Panik rund um das Corona Virus verhält es sich so, wie mit
den Glaubenskriegen vergangener Zeiten. Das Gewand mag ein
anderes sein und die Akteure tragen neue Namen. Trotzdem stehen
sie sich auf der einen oder der anderen Seite unerbittlich gegenüber.
Die Bauern verteidigen ihre Helden nun auf Twitter und Co. Der
Hass und die Ablehnung treten dadurch nur noch deutlicher hervor.

Abgrenzen

Warum benötigt es Worte, um sich abzugrenzen, wenn Handeln und
die Taten, die eigenen Werte offenlegen?

Ein dunkler Tag

Ein dunkler Tag für die Demokratie und die individuelle Freiheit eines Jeden einzelnen von uns. Es scheint noch immer nicht das Ende der Fahnenstange erreicht. Wir brauchen weiterhin Mut, Zuversicht und Durchhaltevermögen eines Jeden.
Selbst im Dunkel, der tiefsten Dunkelheit ist immer noch ein Licht zu finden.
Umso schlimmer es gerade scheint, umso mehr birgt die Zukunft die Hoffnung, dass wir eines Tages in Frieden leben werden.

Die Welt verändern

Allein kannst du die Welt nicht verändern. Das kannst du nur in Gemeinschaft.

The moment

We are exchanging energy.
You have to catch the moment,
and then,
let it go.
Illusions are coming
and they go.
Catch the moment,
and then let it go.

Die Lüge

Die dreiste Lüge
lachend im Gesicht,
du denkst du bist schlau,
aber das sage ich nicht.

Du spielst ein falsches Spiel
mit übergroßem Ego
und denkst ich durchschaue es nicht,
was ich lediglich tue, ich sag es dir nicht ins Gesicht.

Spielst du mit dem Teufel
wirst du dich verbrennen
spielst du mit dem Bösen
solltest du besser wegrennen.

Geht es dir um Ruhm und Ehre
aber vergiss eines nicht
der Sieger schreibt die Geschichte
und du verlierst dein Gesicht.

Dann spielen wir das Spiel richtig
doppelt oder nichts
denn so komplex ist dein Denken nun wirklich nicht.

Mit Spot schallend lache ich dir ins Gesicht,
ich sag, dass mich dein Verhalten träfe,
aber das tat es nicht.

Unzufrieden?

Unzufriedenheit ist kein Mangel,
sondern die konsequente Möglichkeit
Dinge zu ändern,
die einem nicht gefallen.

Innehalten

Dreht sich die Welt schneller,
wenn wir am Rad der Zeit drehen,
versuchen die Dinge zu verstehen.

Oder ist es ihr egal,
manchmal ist es eine Qual.

Auszuharren,
auszuhalten,
nichts zu tun
und nichts zu schalten.

Impulskontrolle,
nichts zu tun,
es fühlt sich nicht an wie sich auszuruhen.

Mit wachem Geist beobachte dich,
was dich umgibt,
dass was du liebst.

Ist es so schwer innezuhalten?
Lerne dein Selbst zu verwalten.

Sortiere dich, denn das tut Not.
Tust du es nicht,
schleichend kommt der Tod.

Das Leben heute ist eine Hast,
zu schnell und eine große Last.
Halt an und steh still,
auch wenn dein Kopf das eben nicht will.

Das musst du lernen,
im hier und jetzt zu leben
und nicht nur zu greifen nach den Sternen.

Nur große Ziele und Visionen,
dass Leben muss sich zu lohnen.

Das suggeriert die Werbung dir,
ständig voran hastest du wie ein gehetztes Tier.

Der Strom

Eine Angel in den Strom
der Zeit geworfen,
kommen Dinge ans Licht,
man glaubt es fast nicht.

Vergeht sie, die Zeit,
es schaut aus als vereist
du in die Ferne
doch drehst du dich gerne
nur um dich selbst.

So bleibst du vielleicht
am Boden,
aber auch nur bei dir
im Jetzt und Hier.

Es schweift dein Gedanke
zwar in den Traum,
aber trauen
magst du dem kaum.

Zu viel Kopf und kein Bauch
so sieht man dich auch,
immer wieder handeln
nichts mag dich verwandeln.

Drum lasse los und treibe
mit dem Strom der Zeit,
genieße das Leben
und die Menschlichkeit.

Der Querulant

Die Anerkennung
ganz normal zu sein
und doch ganz anders
als alle anderen.

Ein Hirnspagat
ganz anderer Art,
nicht apart,
auch nicht drollig,
oder prollig,
oder gar asozial.

Das ist Leben
es gibt mir die Wahl.
Doch was soll ich wählen,
mich unfassbar quälen.
Mein Geist
macht einen Spagat
jeden Tag.

Der Reime sprechende Querulant?
Das wäre zu einfach,
das liegt auf der Hand.
Wie Butter
in der Sonne,
nein lass mal
ich brauche diese Art der Wonne,
nicht in meinem Leben,
das werde ich mir nicht geben.
Der Reime sprechende Querulant?
Hör auf mit diesem Mist,
mal den Teufel nicht an die Wand.
Hör auf mit dem Mist
lass es doch sein,
wen interessiert es,
wer ist geistig
so klein.
Ich brauch was mit Anspruch,
das mir einfach gut tut.
Das trau ich dir zu,
das gibt keinen Bruch.
Der Reime sprechende Querulant?
Hör auf damit,
und zieh ins Land.

Urteilen

Ein Urteil zu schnell gesprochen, kann fatale Auswirkungen haben, aber der Kopf sollte das Bauchgefühl nicht überstimmen oder verklären.

Lockdown-Verlängerungs-diskussionsorgien

Wieso,
Weshalb,
Warum,
Wer,
Wann,
Was,
Wollen,
Will?

Das sagen immer noch wir.

Sag mir wo die Liebe ist

Sag mir wo die Toten sind
wo sind sie geblieben?
Corona hin
Corona her
täglich sterben mehr.

Verschobene OPs
Panik zum Arzt zu gehen
wo soll noch hinführen?
wie weit wollen wir noch gehen.
wie weit wollen wir gehen.

Die einsame Oma im Altenheim
der alte Junggeselle
sie sterben nicht am Virus

sie sterben alleine vor Einsamkeit
so ganz alleine.

Die Kneipe um die Ecke macht dicht
und das Restaurant daneben
weil sie nicht öffnen dürfen
dabei haben sie sich so Mühe gegeben.

Du hältst den Mund und sagst lieber nichts
was soll man auch machen
Sonst hält man dich für irre
wie die anderen Wirren
wie die anderen Wirren.

Drum impft jetzt los
was macht das schon?
was soll schon geschehen?
Einer fällt um davon
haben wir alles schon gesehen.

Ganz mitleidlos und völlig dumpf
lässt du es geschehen
was soll es denn
was macht's mir schon,
ich bin's nicht gewesen.

Ein paar ungeliebte Helden dann
sie machen das richtige
sie singen mit euren Liebsten
die ihr nicht besuchen wollt
die Freude die ist groß
die Freude die ist groß.

Sag mir wo die Liebe ist
wo ist sie geblieben
wo ist die Liebe hin
wo ist sie geblieben.

7KA

komische
kartelle
kalauern
konzentriert
katastrophale
krisen.

kleinkarierte
künstler
können
keine
kritischen
kommentare
klauen.

kompatible
koryphäen
kalkulieren
komplexe
kampagnen
konstant
komplex.

kritiker
konstatieren
keine
kleine
konsequent
komplexe
katastrophe.

konsternierende
karikaturen
kompromittieren
kopflastig
kleinlich
konstruktive
kreaturen.

kreative
kandidaten
konstruieren
konspirativ
kompromisslos

kalkulierbare
katastrophen.

kataloge
klassifizieren
kollektiv
klischeehaft
kompetente
klienten
konzentriert.

Neue Revolutionäre 2

Wir sind unbequem, wir sind laut,
weil wir euch nicht glauben,
was ihr uns da vorkaut.

Ein neues Leben ohne anfassen,
die neue Realität,
ich werde sie hassen.

Wir sind viele, wir sind zugegen,
ihr solltet aufpassen,
wenn wir loslegen.

Wir sind es die leiden, du und ich,
im Stillen wie Lauten,
vergesst uns nicht.

All den Neusprech den könnt ihr euch schenken,
wir lassen uns nicht impfen,
wir werden nicht mal darüber nachdenken.

Das Gesicht wahrend kommt ihr da gestöckelt,
die Maske fällt,
der, Zement der bröckelt.

Der Lack ist ab, man sieht's euch an,
nichts ist wie es scheint,
irgendwann folgt der Untergang.

Das System und ihr werdet abgewickelt,
wir haben schon tausend Ideen,
ihr werdet schon sehen.

Arbeitswut

Manchmal will kaum etwas gelingen,
ein mancher Wurf ganz ungeschickt,
es ist verzwickt,
es soll dich durchdringen.

Drum sage es gerade aus,
frei von allem ganz ungeschminkt,
die Wahrheit winkt,
es muss jetzt heraus

Das Werk muss werden getan,
zu zögern lohnt sich nicht,
es werde Licht,
mit Selbstverstand und Elan.

Die Liebe durchdringt dich nun,
jetzt raste nicht bevor geschrieben,
es wird befrieden,
danach kannst du ausruhen.

Die Liebe

Mit großen Herzen lernst du mehr zu lieben als nur dich selbst. Die Liebe zu sich selbst sollte nicht negativ bewertet sein, denn schon Jesus sagt: „Liebe deinen Nächsten wie dich selbst". Nur heißt sich selbst lieben nicht, nur sich selbst zu lieben um des Selbst willen. Denn nur wer wirklich liebt glaubt nicht, dass materielle Dinge Liebe bedeuten.

Liebe ist der Schlüssel!

Denn wer wahrlich liebt und weiß was Liebe bedeutet, ist bereit Opfer dafür zu bringen. Liebe ist nämlich weder einseitig noch ist Liebe ohne Mühen zu verwirklichen. Liebe im reinen Moment ist kostenlos und ohne Verpflichtung.

Denn wer wahrlich liebt und weiß was Liebe bedeutet, ist bereit Opfer dafür zu bringen. Liebe ist nämlich weder einseitig noch ist Liebe ohne Mühen zu verwirklichen. Liebe im reinen Moment ist kostenlos und ohne Verpflichtung.

Aber Liebe zu erhalten, am Leben zu erhalten kostet Mühen, Zeit und Aufopferung.

Liebe ist rein und ohne Bedingungen. Nichts muss ich tun, um geliebt zu werden oder zu lieben. Nur muss ich bereit sein, dies jeden Tag, jede Minute meines Lebens zu geben. Ohne das eigene Ego und nur ohne Ego kann ich vollends lieben. Also lasse das Ego hinter dir um dich vollends der Liebe zum Leben, zu allen Menschen und allem was dich umgibt hinzugeben.

Nur wer Liebeskummer kennt hat je geliebt. Desto tiefer der Schmerz umso intensiver die Liebe.

Der Kindskopf

Deutschland dicht,
kein Ende ist in Sicht,
euch stört es nicht.

Tut das den Not,
alles ist aus dem Lot,
holt uns mit ins Boot.

Kein Schwurbler und kein Aluhut,
mich packt die kalte Wut,
das tut mir nicht gut.

Drum lass ich's bleiben,
ich werd's euch schon zeigen,
ich mach's mir zu eigen.

Nimm Abstand von den Medien,
wieso soll ich mit das geben,
ich will einfach leben.

Der Kindskopf in mir,
lebt im Jetzt und Hier,
fürchtet sich nicht vor dem Tier.

Was soll ich dir raten,
du sollst handeln mit Taten,
und nicht abwarten.

Du hast Angst etwas zu sagen,
dabei kannst du es wagen,
da die Dinge klar lagen.

Du musst einmal nur starten,
mit den Nachbarn im Garten,
weil die nur drauf warten.

Sprichst du einmal gibt es kein Zurück,
geh nur dieses eine kleine Stück,
es ist dein Glück.

Die Angst

Wofür braucht es eure Angst?
Wir müssen uns alle impfen lassen, denn es sei unmöglich, ohne
Impfung die Corona-Krise zu beenden.
Also erzählt nicht diese Welt wäre frei, denn weigern uns daran zu
glauben.
Wir werden um unsere Freiheit kämpfen, denn ihr lasst uns keine
andere Wahl.

Wir werden um unsere Freiheit kämpfen, denn ihr lasst uns keine
andere Wahl.
Also erzählt nicht diese Welt wäre frei, denn weigern uns daran zu
glauben.
Wir müssen uns alle impfen lassen, denn es sei unmöglich, ohne
Impfung die Corona-Krise zu beenden.
Wofür braucht es eure Angst.

Das Licht

Der Hoffnung Licht in funkelnden Augen,
gesehen und glücklich ich bin.
Die Wärme des Herzens im Anblick,
gefühlt und gefunden gar wunderbar.

Die Hoffnung auf den Lippen,
gehört und erfühlt, jeden Tag wie neu.
Die Liebe ans Leben,
geteilt und gegeben, so fühle ich sie.

Die Umarmung des Vertrauten,
wie habe ich sie vermisst, jetzt stärkt sie mich.
Der Kinder Lachen, ansteckend,
aber glücklich genieße ich es.

Die Zeit genommen und gegeben,
so soll es sein, alles zu seiner Zeit.

Abgründe

Der Mensch kann sich nicht dauerhaft mit dem Schlimmsten, was eine Gesellschaft hervorbringt beschäftigen, ohne dass es die Seele dauerhaft beschädigt. Wenn du ständig in die Dunkelheit der Abgründe des Menschseins schaust, brichst du oder du wirst selbst die dunkle Seite.

Keiner liebt mich

Hör tief in dich hinein,
da ist eine Stimmte,
die sagt dir ich liebe dich.

Horizont

Hinter den eigenen Horizont zu steigen,
mach dir diese Fähigkeit zu eigen.
Sei zufrieden mit dir selber,
sei anderen ein guter Helfer.

Höre nicht auf den Dingen auf den Grund zu gehen,
denn nur dann kannst du die Zusammenhänge sehen.
Es geht nicht darum sich selber darzustellen,
aus dem Schatten zu treten ins Licht, um die Welt zu erhellen.

Bring die Augen der Kinder zum Lachen,
darum sollte es gehen, das sind die wichtigen Sachen.
Bleibe Kind, sei wunderbar,
das Leben gibt dir alles zurück,
Liebe kostet nichts ganz und gar.

Verrat oder der Durchblick

Die Vorhänge lichte ich,
die Bilder verdichten sich.
Im Einzelnen konnte ich sie sehen,
keines wollte mir aus dem Kopfe gehen.

Nun fügt sich was sich fügen soll,
ich staune nicht schlecht das ist ja doll.
Verwoben sie sind und klar,
mir wird gewahr,
wie Bindungen sind und Kreuzgewerke,
wo Wege sich begegnen
und Schicksale sich verweben.

Den Weg den du nun gehen wirst
liegt nur in dir.
Gefühle übermannen dich,
ob du ihnen nun folgen wirst
das frage ich mich.

Gewiss, gewiss die Tat ist dein,
drum lass dich auf dein Gewissen ein.
Du musst nicht auf mich hören,
der Nebel wird dich betören.

Doch am Ende des Tages,
entscheidest du welch Weg der deine seien wird.
Entscheide dich weise,
denn der Verrat der kommt leise,
ganz überraschend heimtückisch
überwältigt er dich heimlich.

Irre?

Das Leben ist ein Irrenhaus,
du solltest schnell herausfinden,
ob du selbst handelst oder behandelt werden willst,
ob du Pfleger oder Patient bist.

Spielen

Ob wir es merken,
dass sie ihre Macht nur haben,
solange wir ihre Spiele mitspielen?

Nutzen wir die Zeit,
die sie noch glauben an der Macht zu sein,
um unsere eigenen Spiele, nach unseren eigenen Regeln zu spielen.

Hör genau hin

Hör genau hin,
die nahende Vergangenheit
schwingt in der Luft.

Licht und Schatten

Die Leute stört es nicht wirklich,
dass du keine Maske trägst.
Wenn es so bedrohlich wäre,
würden sie sich einfach von dir fernhalten.
Es stört sie, dass du ungehorsam bist und
Deine Stärke ein Licht auf ihre Schwäche wirft.

Wie beschreibst du die Geburt eines Engels

Irgendwie könnte ich es dir sagen,
Irgendwann könnte ich es fassen,
fassen in Form und Farbe,
so wie ich es sah,
es fühlte.

„Schwingen streben heraus,
es schmerzt im Schulterbereich,
so als ob die Haut aufplatzt.
Ein warmer Schauer durchfährt den Rücken.
Ein Stab aus reiner Energie schießt
aus dem Nacken heraus,
wird zu einem Helm
aus warmer, leuchtender
Energie, die deinen Kopf umschließt."

Jetzt weißt du,
nein du bist reine Energie
von innen heraus,
von außen nach innen.
Alles zugleich!

Nun überkommt dich dieses Gefühl.
Ein „absolutes High" – Ekstase in Vollendung.
Du wirst, du bist,
du warst schon immer bereit.

„Erst streckt sich der linke,
dann der rechte Flügel.
Langsam brechen sie nach unten
aus der Hülle der Haut heraus,
dann streben sie in ihre natürliche Form,
bis sie oben liegen,
Dann ja dann ...
Machtvoll und leuchtend strecken sie sich
bis sie voll hinter mir ausgestreckt sind.
Kräftig und harmonisch gelblich leuchten
sie unter dem klaren Sternezelt."

Nun weißt du,
dass es Zeit ist sich zu erheben.

Erst ein langsamer Schwung,
du spürst die Luft zwischen jeder einzelnen Feder.
Die Ekstase schiebt sich langsam
denn Bauch und durch jeden einzelnen Wirbel im Rücken empor,
mit jedem Schlag höher und schneller.

Nun hebst du ab. Erst langsam,
dann schneller und höher und höher hinaus.
Jetzt siehst du den Platz,
auf dem du eben noch standst unter dir langsam entschwinden.
Ein Lachen, ein so von innen nach außen getragenes,
gehörtes Lachen hast du noch nie gehört.
Es erfüllt dich mit Glück.

Du fliegst nun vorwärts,
du schaust dich um
und du erkennst deine Umgebung unter dir.
Sie pulsiert in demselben Licht,
wie du und deine neuen Flügel.
Weißt du nun warum,
du alles und alles du bist, warst und sein kannst?
Nun Engel bist du geboren.

Angst

ANGST sich anzustecken
ANGST zu erkranken
ANGST zu sterben
ANGST vor LongCovid
ANGST vor Ungeimpften
ANGST die Maske abzunehmen
ANGST vor Nähe
ANGST
ANGST
ANGST
ANGST Störung
ANGST TÖTET

Ich bin

Ich bin wach,
aber ich bin nicht aufgewacht.
Ich bin hier,
denn ich bin in den Kreis zurückgekehrt.
Ich bin Liebe,
denn ich liebe unser gemeinsames Leben.
Ich bin da,
weil ich mit allen Nuancen anwesend bin.
Ich bin ich,
da ich bin, wer ich immer sein wollte.
Ich bin nichts,
weil nichts wichtiger ist als die Liebe.
Ich bin alles,
denn Gott gab mir die Möglichkeit zu verstehen.
Ich bin Liebe,
den jeder ist sein gewolltes Abbild.

Wut

Daran festzuhalten ist wie Gift zu trinken und darauf zu warten, dass der andere stirbt

Unfreiheit

Die Unfreiheit des Menschen heutzutage, ist die Angst vor dem Corona Virus, oder vor den Maßnahmen gegen ebendieses.

Sprache

Es fängt bei der Sprache an:
Sprache ist Macht,
Sprache ist eine wertvolle Ressource,
Sprache ist Handlung!

Sind das dieselben?

Der eine will,
der andere kann,
was soll das sein,
wo führt das hier hin?

Der eine ist starr vor Angst,
der andere sieht die Gefahr,
so bitter es auch klingen mag,
was eint uns hier und jetzt?

Der eine zieht Grenzen,
der andere nicht,
warum muss ich mich impfen,
was unterscheidet mich von dir?

Der eine sagt Nazi,
der andere „du Idiot",
wieso muss ich mich entschuldigen,
was habe ich denn getan?

Die Menschen, die rufen "Kein Mensch ist illegal"...

Wann hat es ein Ende?

Es gibt Grundrechte von konstituierender Bedeutung für die
freiheitlich demokratische Grundordnung. Dazu zahlen die
Meinungs- und die Versammlungsfreiheit. Deshalb muss der Staat
abwägen, wie lange er diese beschränkt. Es geschieht schon viel zu
lange.

Grenzenlos

Wenn du furchtlos bist, kannst du mehr lieben als anderen. Denn wer furchtlos ist muss keine Angst haben die Liebe zu verlieren und kann deswegen noch mehr lieben, grenzenlos lieben.

Wahrheit braucht keine Gewalt

Die Wahrheit braucht nie Gewalt, um sich durchzusetzen.

Falsche Propheten

Träumt weiter ...
Träumt weiter, von gesellschaftlichen Veränderungen.
Mit eurer Mentalität, der Empörung und des Jeder-für-sich wird sich nichts ändern.
Diese Bewegung ist wegen Egoisten, wie euch, zum Scheitern verurteilt.
Noch nicht einmal bei Hilfen, könnt ihr zusammenarbeiten.
Also ziehe ich mich zurück und lasse euch machen, was auch immer das sein soll.
Meine Energie ist dafür zu schade.

Ihr widerlichen Selbstdarsteller
falschen Propheten,
egal wo man hinschaut,
egal welche Meinung ihr vertretet,
egal ob ihr für oder gegen etwas seid.
Glaubt nicht, dass die Menschen euer Spiel nicht durchschauen,
früher oder später ist dies der Fall.
Euer Ego fällt umso tiefer,
wenn es euch trifft.
Nur weil ihr am lautesten schreit,
laufen euch die Menschen erst einmal hinterher,
aber wehe sie blicken hinter die Fassade,
dann ist euer Spiel aus.

Bis?

Bis die Kurve geglättet ist
Bis die Intensivstationen nicht mehr überlastet sind Bis die Inzidenz
unter 100 ist
Bis wir einen Impfstoff haben
Bis die Inzidenz unter 35 ist
Bis alle ein Impfangebot haben
Bis 80% geimpft sind

BIS WIR UNS NICHT MEHR VERARSCHEN LASSEN!

Gewillt

Ich bin gewillt friedlich zu demonstrieren.
Ich bin gewillt weder verbal noch auf irgendeine Art und Weise zu
einer Eskalation beizutragen.
Ich bin NICHT gewillt, meine Emotionen und Gefühle nicht auch in
Laut und Schrift kundzutun.

Liebe ist die Antwort

Wenn Liebe die Antwort ist, ist die Frage ...?
Liebe ist immer die Antwort auf alles.

Wo kämen wir hin

Wo kämen wir nur hin,
wenn jeder sagte,
wo kämen wir nur hin.
Und niemand ginge,
um zu sehen,
wohin wir kämmen,
wenn wir gehen.

Geld

Für alles ist Geld da, nur nicht für die, die euch HIER am dringendsten brauchen:

#Ahrtal

#Pflege

#Rentner

#obdachlose

#Kinder

#Schulen

Ohrenbetäubendes Schweigen

Kannst du es hören?
Nein?
Ich ebenso wenig.
Aber ein permanenter
Informationsstrom
überflutet mich.

Hast du einmal
der Stille
zugehört?
Nichts und nirgends?
Still!

Es nicht wie Tinnitus.
Es ist als würden
permanent
Nachrichten gesendet.
Aber dieser Art
bei der du nervös wirst.

Ein kleiner Mann
bebrillt
und schlechten Zähnen
flüstert mir zu
ich solle vorsichtig sein.

Etwas von Pflicht
höre ich ihn säuseln
sonst ja sonst
müssen wir uns gewöhnen
an den Ausnahmezustand.

Ich bekomme Gänsehaut
doch nicht behaglich
ist das Gefühl
eher beengend
und fortdauernd verstörend.

Und ausdauernd
berieselt, beschalt
schaltet irgendwann

jedes Gehirn
jeden Willen aus.

Was kann ich
was kannst du
dagegen tun
lass uns gemeinsam
gegenseitig stärken.

Aus der Ruhe
im Innen
generiert sich Kraft
und mit Abstand
ein guter Überblick.

Wir können nicht
abwarten und verharren
es gibt keine Pause
sie hören nicht auf
es geht bald weiter.

Müssen stetig
und emsig
weiter die Mühle drehen
sonst wird sie
unsere Stimme
auf Dauer untergehen.

Schwer

Manchmal tue ich mich schwer
wiege alles hin und her.
Alles hat eine Kehr-
seite die zu überschreiten
manchmal zusteht
den Gescheiten.

Zu durchdenken
und sich nichts zu schenken
alles anschauen
sich verrenken
um zu verstehen
was sie säen.

Nichts geschenkt
alles gelenkt
du durchschaust die Taktik
hast ein bisschen mehr Haptik
liest zwischen den Zeilen
du solltest nicht verweilen.

Ist es sicher?
Sicher nicht
aber du musst weiter
musst helfen denen
die es selbst nicht können.

Bin zerrissen zwischen
fühle mich verschlissen
möchte manchmal
gar nicht mehr
doch gebe ich es her.

Weil wollen manchmal
nicht mehr reicht
muss Stärke her
der Schwäche weicht.

Nun muss ich
habe keine Zeit
muss auf die Straße
demonstrieren
zeigen ich bin so weit.